50
RECETAS
DE
POLLO

Cocina Facil

ÍNDICE

ESTE E-BOOK ES UNA COLECCIÓN DE DELICIOSAS RECETAS DE POLLO QUE SEGURAMENTE DELEITARÁN A CUALQUIER AMANTE DE LA COMIDA. CON 50 OPCIONES DIFERENTES, ¡NUNCA TE FALTARÁN IDEAS PARA PREPARAR UNA CENA FÁCIL Y SABROSA!

CADA RECETA INCLUYE UNA LISTA DE INGREDIENTES Y UN CONJUNTO DE INSTRUCCIONES FÁCILES DE SEGUIR. ADEMÁS, EL LIBRO ELECTRÓNICO TAMBIÉN INCLUYE FOTOS DE CADA PLATO, LO QUE TE PERMITE VER CÓMO DEBERÍA VERSE CADA RECETA.

LAS RECETAS EN ESTE LIBRO ELECTRÓNICO CUBREN UNA AMPLIA GAMA DE ESTILOS CULINARIOS, DESDE PLATOS ASIÁTICOS Y MEDITERRÁNEOS HASTA RECETAS CLÁSICAS DE AMÉRICA DEL NORTE. TAMBIÉN ENCONTRARÁS RECETAS PARA DIFERENTES PARTES DEL POLLO, INCLUYENDO PECHUGA, MUSLOS Y ALAS.

YA SEA QUE ESTÉS BUSCANDO UNA CENA RÁPIDA ENTRE SEMANA O QUIERAS IMPRESIONAR A TUS AMIGOS Y FAMILIARES CON UNA CENA ESPECIAL, ESTE E-BOOK TE PROPORCIONARÁ UNA AMPLIA SELECCIÓN DE RECETAS DELICIOSAS PARA ELEGIR.

EN RESUMEN, EL LIBRO DIGITAL DE 50 RECETAS DE POLLO ES UNA EXCELENTE ADICIÓN A CUALQUIER COLECCIÓN DE RECETAS. CON UNA GRAN CANTIDAD DE OPCIONES PARA ELEGIR Y INSTRUCCIONES CLARAS Y FÁCILES DE SEGUIR, ESTE LIBRO ELECTRÓNICO TE AYUDARÁ A PREPARAR PLATOS DE POLLO DELICIOSOS Y VARIADOS PARA CUALQUIER OCASIÓN. ¡DISFRÚTALO!

POLLO A LA PARILLA

INGREDIENTES

- ·4 pechugas de pollo deshuesadas y sin piel
- ·1/4 taza de jugo de limón
- ·1/4 taza de aceite de oliva
- ·2 dientes de ajo picados
- ·1 cucharadita de sal
- ·1/2 cucharadita de pimienta negra molida

PASOS

1. En un tazón grande, mezcla el jugo de limón, el aceite de oliva, el ajo picado, la sal y la pimienta negra molida.

2. Agrega las pechugas de pollo a la marinada y asegúrate de que estén completamente cubiertas. Cubre el tazón con papel film y refrigera durante al menos 30 minutos o hasta 4 horas.

3. Prepara la parrilla a fuego medio-alto. Retira las pechugas de pollo de la marinada y desecha el exceso de marinada.

4. Coloca las pechugas de pollo en la parrilla caliente y cocina durante 6-8 minutos por cada lado, o hasta que estén doradas y cocidas por dentro.

5. Retira las pechugas de pollo de la parrilla y déjalas reposar durante 5 minutos antes de servir.

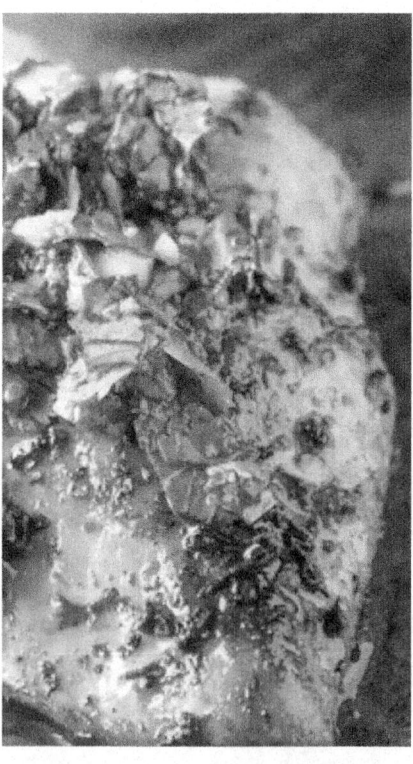

¡Disfruta tu delicioso pollo a la parrilla!

POLLO AL HORNO CON PAPAS

INGREDIENTES

·4 piezas de pollo (muslos, pechugas o piernas)
·4 papas medianas
·3 dientes de ajo picados
·3 cucharadas de aceite de oliva
·Sal y pimienta negra al gusto

PASOS

1. Precalentar el horno a 200°C.

2. Pelar las papas y cortarlas en rodajas de aproximadamente 1 cm de espesor.

3. Colocar las rodajas de papa en una bandeja para hornear, y luego agregar las piezas de pollo encima de las papas.

4. En un tazón pequeño, mezclar el ajo picado, el aceite de oliva, la sal y la pimienta negra.

5. Verter la mezcla de aceite y especias sobre el pollo y las papas, asegurándose de cubrir todos los ingredientes.

6. Hornear en el horno precalentado durante 40 minutos o hasta que el pollo esté dorado y cocido por dentro (puedes comprobar si el pollo está cocido pinchando con un tenedor: si el líquido que sale es transparente, el pollo está cocido; si es rosado o rojo, necesita más tiempo de cocción).

7. Retirar del horno y servir caliente. ¡Buen provecho!

¡Disfruta tu delicioso pollo con papas!

POLLO AL CURRY

INGREDIENTES

·1 libra de pechugas de pollo sin piel y deshuesadas, cortadas en trozos pequeños
·1 cebolla picada
·3 dientes de ajo picados
·1 cucharada de jengibre fresco rallado
·1 lata de tomates cortados en cubos
·2 cucharadas de curry en polvo
·1 cucharadita de comino
·1/2 cucharadita de cilantro
·1/2 cucharadita de cúrcuma
·1/4 cucharadita de pimienta de cayena
·1/2 taza de leche de coco
·Sal y pimienta, al gusto
·2 cucharadas de aceite de oliva
·Cilantro picado, para adornar

PASOS

1. En un tazón grande, combine el pollo con el curry en polvo, el comino, el cilantro, la cúrcuma, la pimienta de cayena, la sal y la pimienta. Mezcle bien y deje marinar durante al menos 30 minutos.

2. En una sartén grande o un wok, caliente el aceite de oliva a fuego medio-alto. Agregue el pollo y cocine hasta que esté dorado por todos lados, aproximadamente 5 minutos.

3. Retire el pollo de la sartén y reserve.

4. Agregue la cebolla a la sartén y cocine hasta que esté suave y translúcida, aproximadamente 5 minutos. Agregue el ajo y el jengibre y cocine por otros 2 minutos.

5. Agregue los tomates en cubos y cocine hasta que se ablanden, aproximadamente 5 minutos.

6. Agregue el pollo de vuelta a la sartén y revuelva para cubrir con la mezcla de tomate y especias.

7. Agregue la leche de coco y cocine a fuego lento durante unos 10 minutos, hasta que la salsa espese y el pollo esté cocido por completo.

8 Sirva caliente, adornado con cilantro picado si lo desea. Puede servirse sobre arroz o acompañado de pan naan.

¡Disfruta tu delicioso pollo al curry!

ENSALADA DE POLLO

INGREDIENTES

- 2 pechugas de pollo
- Sal y pimienta al gusto
- Lechuga
- Tomates
- Pepinos
- Otros vegetales a elección (por ejemplo, zanahoria, cebolla, pimiento)
- Aceite de oliva
- Vinagre balsámico

PASOS

1. Cocinar las pechugas de pollo en agua con sal y pimienta hasta que estén cocidas (aproximadamente 15-20 minutos).

2. Desmenuzar el pollo y reservar.

3. Cortar la lechuga en trozos pequeños y colocar en un recipiente grande para ensaladas.

4. Cortar los tomates y pepinos en cubos y agregarlos a la ensalada.

5. Agregar otros vegetales de tu elección, cortados en cubos o rebanadas finas.

6. Mezclar bien todos los ingredientes.

7. Aliñar la ensalada con aceite de oliva y vinagre balsámico, al gusto.

8. Mezclar nuevamente para distribuir el aderezo de manera uniforme.

9. Servir frío y disfrutar.

¡Disfruta tu deliciosa ensalada de pollo!

POLLO A LA PLANCHA CON VEGETALES

INGREDIENTES

- ·Pechuga de pollo
- ·Zanahorias
- ·Cebolla
- ·Pimientos
- ·Calabacín
- ·Aceite de oliva
- ·Sal y pimienta al gusto

PASOS

1. Lave y corte las verduras en juliana (tiras finas).

2. En una sartén grande, caliente el aceite de oliva a fuego medio-alto.

3. Agregue las verduras en la sartén y cocine por unos minutos hasta que estén tiernas, pero aún crujientes. Agregue sal y pimienta al gusto.

4. Retire las verduras de la sartén y manténgalas calientes.

5. Añada sal y pimienta a las pechugas de pollo y cocine en una plancha caliente durante unos 6-8 minutos por cada lado, o hasta que estén bien cocidas.

6. Sirva las pechugas de pollo junto con los vegetales salteados.

¡Disfruta tu delicioso Pollo con vegetales!

POLLO AL HORNO CON LIMÓN Y HIERBAS

INGREDIENTES

- ·1 pollo entero de tamaño mediano
- ·2 limones
- ·3 ramitas de romero fresco
- ·3 ramitas de tomillo fresco
- ·4 dientes de ajo picados
- ·Aceite de oliva
- ·Sal y pimienta al gusto

PASOS

1. Precalentar el horno a 200 grados Celsius.

2. Limpiar el pollo y retirar las vísceras.

3. En un tazón pequeño, mezclar el ajo picado con 2 cucharadas de aceite de oliva y sal y pimienta al gusto.

4. Con cuidado, levantar la piel del pollo y frotar la mezcla de aceite y ajo debajo de la piel, asegurándose de cubrir todo el pollo.

5. Cortar los limones por la mitad y exprimir el jugo sobre el pollo. Luego, colocar los limones dentro de la cavidad del pollo junto con las ramitas de romero y tomillo.

6. Colocar el pollo en una bandeja para hornear y rociar con un poco más de aceite de oliva.

7. Hornear el pollo durante aproximadamente 1 hora y 30 minutos, o hasta que la piel esté dorada y crujiente y la temperatura interna alcance los 75 grados Celsius.

8. Sacar el pollo del horno y dejar reposar durante unos 10 minutos antes de cortarlo en pedazos.

9. Servir con verduras asadas, arroz o cualquier otro acompañamiento de tu elección.

¡Disfruta tu delicioso Pollo!

POLLO A LA PARRILLA CON SALSA BARBACOA

INGREDIENTES

- ·4 pechugas de pollo
- ·Sal y pimienta negra molida
- ·1 taza de salsa barbacoa (puedes comprarla en la tienda o prepararla en casa)
- ·1/4 taza de miel
- ·2 cucharadas de aceite de oliva
- ·1 cucharada de vinagre de manzana
- ·2 dientes de ajo picados

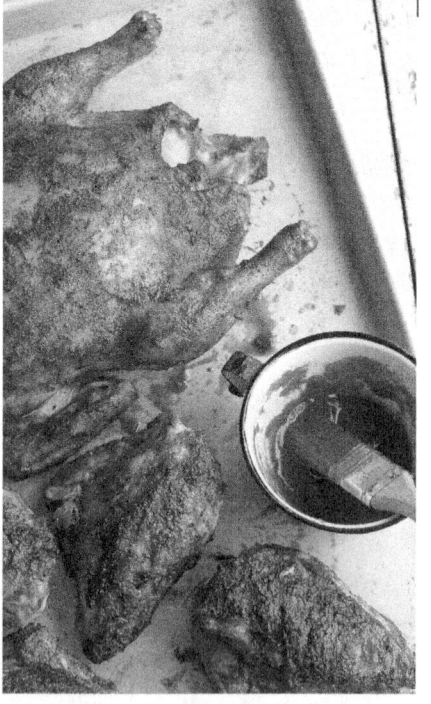

PASOS

1. Precalienta la parrilla a fuego medio-alto.

2. Sazona las pechugas de pollo con sal y pimienta negra al gusto.

3. En un tazón pequeño, mezcla la salsa barbacoa, la miel, el aceite de oliva, el vinagre de manzana y el ajo picado.

4. Coloca las pechugas de pollo en la parrilla y cocina durante unos 6-7 minutos por cada lado o hasta que estén doradas y cocidas por completo.

5. Durante los últimos 5 minutos de cocción, unta las pechugas de pollo con la salsa barbacoa por ambos lados.

6. Una vez que las pechugas de pollo estén cocidas por completo, retíralas de la parrilla y deja que reposen durante unos minutos antes de servir.

¡Disfruta tu delicioso Pollo!

POLLO FRITO

INGREDIENTES

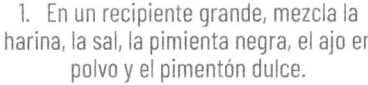

- ·1 pollo entero cortado en piezas
- ·2 tazas de harina de trigo
- ·2 cucharadas de sal
- ·1 cucharada de pimienta negra
- ·1 cucharada de ajo en polvo
- ·1 cucharada de paprika o pimentón dulce
- ·Aceite vegetal para freír

PASOS

1. En un recipiente grande, mezcla la harina, la sal, la pimienta negra, el ajo en polvo y el pimentón dulce.

2. Agrega las piezas de pollo a la mezcla de harina y revuelve hasta que estén completamente cubiertas.

3. Calienta suficiente aceite vegetal en una sartén grande o en una freidora a una temperatura de 350°F (180°C).

4. Coloca las piezas de pollo en el aceite caliente y fríe durante aproximadamente 12-15 minutos, volteando ocasionalmente, hasta que estén doradas y crujientes. Asegúrate de que el pollo esté bien cocido antes de servir.

5. Una vez que estén listas, retira las piezas de pollo de la sartén y colócalas sobre papel toalla para eliminar el exceso de aceite.

6. Sirve el pollo frito caliente con tus acompañamientos favoritos, como puré de papas, ensalada, arroz, entre otros.

¡Disfruta tu delicioso Pollo Frito!

POLLO EN SALSA DE TOMATE Y ALBAHACA

INGREDIENTES

- ·4 pechugas de pollo
- ·1 cebolla picada
- ·2 dientes de ajo picados
- ·2 tazas de salsa de tomate
- ·1/2 taza de caldo de pollo
- ·2 cucharadas de albahaca fresca picada
- ·Sal y pimienta al gusto
- ·Aceite de oliva

PASOS

1. Sazona las pechugas de pollo con sal y pimienta.

2. Calienta una sartén con aceite de oliva a fuego medio-alto y dora las pechugas de pollo por ambos lados hasta que estén doradas. Retira del fuego y reserva.

3. En la misma sartén, agrega la cebolla y el ajo y cocina hasta que estén dorados y suaves.

4. Añade la salsa de tomate y el caldo de pollo y mezcla bien. Deja cocinar a fuego medio durante 5-7 minutos.

5. Agrega la albahaca fresca picada y mezcla bien.

6. Coloca las pechugas de pollo en la salsa y deja cocinar durante 10-15 minutos, o hasta que el pollo esté cocido completamente.

7. Sirve caliente y disfruta de tu pollo en salsa de tomate y albahaca. Puedes acompañarlo con arroz o patatas al horno.

¡Disfruta tu delicioso Pollo!

POLLO A LA CAZUELA CON VERDURAS

INGREDIENTES

- ·4 muslos de pollo
- ·1 cebolla
- ·2 dientes de ajo
- ·2 zanahorias
- ·2 patatas
- ·1 pimiento rojo
- ·1 pimiento verde
- ·1 taza de caldo de pollo
- ·1 taza de vino blanco
- ·2 cucharadas de aceite de oliva
- ·Sal y pimienta al gusto
-

PASOS

1. Precalienta el horno a 180 grados Celsius.

2. Lava y pela las zanahorias y las patatas, y córtalas en cubos pequeños.

3.. Lava los pimientos, quita las semillas y córtalos en tiras.

4. Pela la cebolla y los dientes de ajo y pícalos finamente.

5. En una cazuela grande, calienta el aceite de oliva a fuego medio-alto. Añade los muslos de pollo y cocina hasta que estén dorados por ambos lados, unos 5 minutos por cada lado.

6. Agrega la cebolla y el ajo picados y cocina hasta que estén dorados y fragantes, unos 3-4 minutos.

7. Añade las zanahorias y las patatas cortadas en cubos y cocina por unos minutos hasta que estén doradas y crujientes.

8. Agrega los pimientos y cocina por otros 2-3 minutos.

9. Vierte el caldo de pollo y el vino blanco sobre las verduras y el pollo. Condimenta con sal y pimienta al gusto.

10. Cubre la cazuela con una tapa y lleva al horno durante 45-50 minutos, hasta que el pollo esté cocido y las verduras estén tiernas.

11. Sirve caliente y disfruta.

¡Disfruta tu delicioso Pollo!

POLLO CON SALSA DE CACAHUATE

INGREDIENTES

- ·4 piezas de pollo (muslos o pechugas)
- ·1/2 taza de mantequilla de cacahuate
- ·1/4 taza de salsa de soja
- ·1/4 taza de miel
- ·1 cucharada de aceite de oliva
- ·2 dientes de ajo picados
- ·1 cucharada de jengibre rallado
- ·1/4 taza de agua
- ·Sal y pimienta al gusto

PASOS

1. Precalentar el horno a 200°C.

2. Salpimentar las piezas de pollo y colocarlas en una bandeja de horno previamente engrasada.

3. En un tazón mezclar la mantequilla de cacahuate, la salsa de soja, la miel, el aceite de oliva, el ajo y el jengibre.

4. Agregar el agua y mezclar bien hasta obtener una consistencia homogénea.

5. Verter la salsa sobre el pollo y asegurarse de que esté bien cubierto.

6. Hornear durante aproximadamente 40 minutos, o hasta que el pollo esté cocido por completo y la salsa esté dorada.

7. Servir caliente y disfrutar.

¡Disfruta tu delicioso Pollo!

POLLO A LA MOSTAZA Y MIEL

INGREDIENTES

- ·4 pechugas de pollo sin piel ni hueso
- ·1/4 taza de mostaza Dijon
- ·1/4 taza de miel
- ·2 cucharadas de aceite de oliva
- ·Sal y pimienta al gusto
- ·Rodajas de limón (opcional)
- ·Hojas de romero fresco (opcional)
-

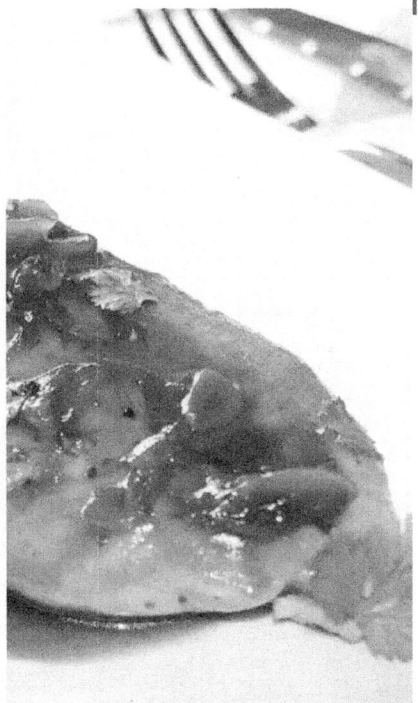

PASOS

1. Precalentar el horno a 200°C.

2. En un recipiente pequeño, mezcla la mostaza y la miel hasta que estén bien combinadas.

3. Sazona las pechugas de pollo con sal y pimienta al gusto.

4. Calienta el aceite de oliva en una sartén grande a fuego medio-alto.

5. Agrega las pechugas de pollo y cocínalas durante 3-4 minutos por cada lado, o hasta que estén doradas.

6. Coloca las pechugas de pollo en una bandeja para hornear y unta generosamente la mezcla de mostaza y miel por encima.

7. Hornea durante 20-25 minutos, o hasta que el pollo esté completamente cocido.

8. Sirve el pollo con rodajas de limón y hojas de romero fresco (opcional).

¡Disfruta tu delicioso Pollo!

POLLO ASADO CON CHIMICHURRI

INGREDIENTES

- ·1 pollo entero
- ·1/4 taza de aceite de oliva
- ·1/4 taza de jugo de limón fresco
- ·4 dientes de ajo picados
- ·1 cucharadita de comino molido
- ·1 cucharadita de orégano seco
- ·1 cucharadita de sal
- ·1/2 cucharadita de pimienta negra molida
- ·Para el chimichurri:
- ·1 taza de perejil fresco picado
- ·3 dientes de ajo picados
- ·1/2 taza de aceite de oliva
- ·1/4 taza de vinagre de vino tinto
- ·1/4 cucharadita de ají molido
- ·1/2 cucharadita de sal
- ·1/4 cucharadita de pimienta negra molida

PASOS

1. En un tazón grande, mezcla el aceite de oliva, el jugo de limón, el ajo picado, el comino, el orégano, la sal y la pimienta negra.

2. Coloca el pollo entero en la mezcla de marinada y asegúrate de cubrirlo bien con la marinada. Cubre el recipiente con papel plástico y refrigera durante al menos 30 minutos o toda la noche.

3. Precalienta la parrilla a fuego medio-alto.

4. Coloca el pollo en la parrilla y cocina durante 1 hora y media, volteándolo ocasionalmente, hasta que esté bien dorado y cocido por completo.

5. Mientras se cocina el pollo, prepara la salsa de chimichurri mezclando el perejil, el ajo, el aceite de oliva, el vinagre de vino tinto, el ají molido, la sal y la pimienta negra en un tazón.

6. Una vez que el pollo esté cocido, retíralo de la parrilla y déjalo reposar durante 10 minutos antes de cortarlo en porciones.

7. Sirve el pollo caliente y acompaña con la salsa de chimichurri por encima. ¡Disfruta!

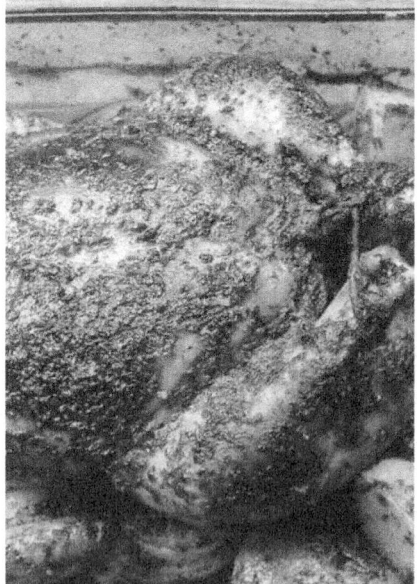

¡Disfruta tu delicioso Pollo!

POLLO A LA PERMESANA

INGREDIENTES

- ·4 pechugas de pollo deshuesadas y sin piel
- ·1/2 taza de harina
- ·1/2 taza de pan rallado
- ·1/2 taza de queso parmesano rallado
- ·2 huevos
- ·1/4 taza de leche
- ·1/4 cucharadita de sal
- ·1/4 cucharadita de pimienta negra molida
- ·2 tazas de salsa de tomate
- ·1 taza de queso mozzarella rallado
- ·2 cucharadas de aceite de oliva

PASOS

1. Precalentar el horno a 200°C.

2. En un recipiente, mezclar la harina, el pan rallado y el queso parmesano.

3. En otro recipiente, batir los huevos con la leche, la sal y la pimienta.

4. Pasar las pechugas de pollo por la mezcla de harina, pan rallado y queso parmesano, asegurándose de que estén bien cubiertas. Luego, sumergirlas en la mezcla de huevo.

5. En una sartén grande, calentar el aceite de oliva a fuego medio-alto. Agregar las pechugas de pollo y cocinar durante 2-3 minutos por cada lado, hasta que estén doradas.

6. Colocar las pechugas de pollo en una bandeja para hornear y cubrir con la salsa de tomate y el queso mozzarella.

7. Hornear durante 15-20 minutos, o hasta que el queso esté dorado y burbujeante.

8. Servir caliente y disfrutar de tu delicioso Pollo a la Parmesana.

¡Disfruta tu delicioso Pollo!

POLLO AL HORNO CON PAPAS Y ZANAHORIAS

INGREDIENTES

- ·1 pollo entero (aproximadamente 1,5 kg)
- ·4 papas grandes
- ·4 zanahorias grandes
- ·2 cebollas medianas
- ·3 dientes de ajo
- ·1 limón
- ·Aceite de oliva
- ·Sal
- ·Pimienta negra molida
- ·Tomillo seco
- ·Romero seco

PASOS

1. Precalentar el horno a 200°C.

2. Lava y pela las papas y zanahorias y córtalas en rodajas de aproximadamente 1 cm de grosor.

3. Corta las cebollas en cuartos y pica los dientes de ajo.

4. En una bandeja para hornear grande, coloca las papas y zanahorias en una capa uniforme. Agrega las cebollas y el ajo picado. Rocía con aceite de oliva y sazona con sal y pimienta negra molida al gusto. Mezcla todo bien.

5. Limpia el pollo, retirando las vísceras y las plumas sueltas. Lava el pollo por dentro y por fuera y sécalo bien con papel absorbente. Coloca el pollo sobre la cama de papas, zanahorias, cebollas y ajo en la bandeja para hornear.

6. Corta el limón por la mitad y exprime el jugo sobre el pollo. Coloca las mitades de limón en el interior del pollo junto con unas ramitas de tomillo y romero.

7. Espolvorea el pollo con más tomillo y romero seco, sal y pimienta negra molida al gusto. Rocía con aceite de oliva.

8. Hornea durante aproximadamente 1 hora y media o hasta que el pollo esté dorado y cocido. Para asegurarte de que el pollo está bien cocido, puedes insertar un termómetro de carne en la parte más gruesa del muslo, la temperatura interna debe alcanzar los 75°C.

9. Retira la bandeja del horno y deja que el pollo descanse durante unos minutos antes de cortarlo. Sirve el pollo junto con las papas, zanahorias, cebollas y ajo.

¡Disfruta tu delicioso Pollo!

POLLO AL VINO BLANCO

INGREDIENTES

- ·4 filetes de pechuga de pollo
- ·1 cebolla
- ·2 dientes de ajo
- ·1/2 taza de vino blanco seco
- ·1/2 taza de caldo de pollo
- ·1/2 taza de harina
- ·2 cucharadas de aceite de oliva
- ·Sal y pimienta al gusto
- ·Perejil picado para decorar

PASOS

1. Salpimentar los filetes de pollo y enharinarlos ligeramente.

2. En una sartén grande, calentar el aceite de oliva a fuego medio-alto. Agregar los filetes de pollo y cocinar por ambos lados hasta que estén dorados y cocidos por dentro. Retirarlos de la sartén y reservar.

3. En la misma sartén, agregar la cebolla y el ajo picados y cocinar a fuego medio hasta que estén dorados y fragantes.

4. Añadir el vino blanco y el caldo de pollo y dejar que la mezcla hierva durante unos minutos.

5. Regresar los filetes de pollo a la sartén y cocinar durante unos minutos más, hasta que la salsa se espese y el pollo esté completamente cubierto de la salsa.

6. Espolvorear con perejil picado y servir caliente.

¡Disfruta tu delicioso Pollo!

POLLO POBLANO

INGREDIENTES

- ·4 piezas de pollo (muslos y/o pechugas)
- ·4 tazas de caldo de pollo
- ·2 tazas de mole poblano (puedes comprarlo ya preparado o hacerlo en casa)
- ·2 cucharadas de aceite vegetal
- ·Sal al gusto

PASOS

1. En una olla grande, calienta el aceite a fuego medio-alto. Agrega el pollo y sazona con sal. Cocina hasta que esté dorado por ambos lados, unos 5 minutos por lado.

2. Agrega el caldo de pollo a la olla y lleva a ebullición. Reduce el fuego y deja cocinar a fuego lento durante 30 minutos, hasta que el pollo esté cocido.

3. Mientras tanto, en otra olla, calienta el mole poblano a fuego medio. Agrega 1 taza de caldo de pollo y mezcla bien para que se incorporen todos los ingredientes. Cocina durante 10 minutos, hasta que la salsa esté caliente y espesa.

4. Agrega la salsa de mole poblano a la olla con el pollo y mezcla bien para cubrir todo el pollo con la salsa. Cocina a fuego lento durante 10-15 minutos más, hasta que el pollo esté bien impregnado de la salsa.

5. Sirve el pollo en mole poblano caliente con arroz blanco cocido, frijoles negros refritos y tortillas de maíz.

¡Disfruta tu delicioso Pollo!

POLLO AL COCO Y CURRY

INGREDIENTES

- ·4 pechugas de pollo cortadas en cubos
- ·1 cebolla mediana picada
- ·2 dientes de ajo picados
- ·1 pimiento rojo cortado en tiras
- ·1 taza de leche de coco
- ·2 cucharadas de curry en polvo
- ·2 cucharadas de aceite de oliva
- ·Sal y pimienta al gusto
- ·Arroz cocido para acompañar
-

PASOS

1. Calienta el aceite de oliva en una sartén grande a fuego medio. Agrega la cebolla y el ajo y cocina hasta que estén dorados.

2. Agrega el pollo y cocina por 5 minutos hasta que se dore por todos lados.

3. Agrega el curry en polvo y mezcla bien con el pollo.

4. Agrega el pimiento y cocina por 2 minutos más.

5. Agrega la leche de coco, sal y pimienta al gusto. Mezcla bien.

6. Reduce el fuego y deja cocinar por 10-15 minutos hasta que la salsa se espese.

7. Sirve caliente con arroz cocido.

¡Disfruta tu delicioso Pollo!

POLLO EN SALSA DE CHAMPIÑONES

INGREDIENTES

- ·4 pechugas de pollo sin piel y sin hueso
- ·1 cebolla mediana picada
- ·2 dientes de ajo picados
- ·200 gramos de champiñones frescos en rodajas
- ·1/2 taza de caldo de pollo
- ·1/2 taza de crema de leche
- ·1/2 taza de vino blanco seco
- ·2 cucharadas de aceite de oliva
- ·Sal y pimienta al gusto

PASOS

1. Salpimenta las pechugas de pollo y fríelas en una sartén con el aceite de oliva hasta que estén doradas por ambos lados. Retira y reserva.

2. En la misma sartén, agrega la cebolla y el ajo picados y saltea hasta que estén dorados.

3. Agrega los champiñones y cocina por unos minutos hasta que estén tiernos.

4. Añade el vino blanco y cocina por 1-2 minutos para evaporar el alcohol.

5. Agrega el caldo de pollo y cocina por unos minutos hasta que la salsa se reduzca un poco.

6. Agrega la crema de leche y cocina por 1-2 minutos más hasta que la salsa espese.

7. Regresa el pollo a la sartén y cocina por unos minutos más para que se caliente.

8. Sirve caliente con arroz blanco o pasta.

¡Disfruta tu delicioso Pollo!

POLLO EN ADOBO

INGREDIENTES

- ·1 kg de pollo troceado
- ·2 chiles guajillo
- ·2 chiles ancho
- ·2 chiles pasilla
- ·4 dientes de ajo
- ·1/2 taza de vinagre blanco
- ·1 cucharadita de orégano seco
- ·1 cucharadita de comino en polvo
- ·1 cucharadita de sal
- ·1/4 taza de aceite vegetal

PASOS

1. Limpia los chiles, quitándoles las semillas y el tallo. Tuesta los chiles en una sartén sin aceite a fuego medio-alto, moviéndolos constantemente, hasta que estén ligeramente dorados.

2. Coloca los chiles en un tazón y cúbrelos con agua caliente. Déjalos remojar por al menos 15 minutos.

3. En una licuadora, coloca los chiles remojados junto con el ajo, el vinagre, el orégano, el comino y la sal. Licúa hasta obtener una mezcla homogénea.

4. En un tazón grande, coloca el pollo y vierte la mezcla de adobo sobre el pollo. Asegúrate de que el pollo esté bien cubierto con el adobo. Cubre el tazón con papel film y deja marinar en la nevera durante al menos 2 horas (o toda la noche si es posible).

5. Precalienta el horno a 200°C. Coloca el pollo en una bandeja para hornear y rocía con el aceite vegetal. Hornea durante 45 minutos, o hasta que el pollo esté cocido y dorado por fuera.

6. Sirve caliente y disfruta de tu delicioso pollo en adobo.

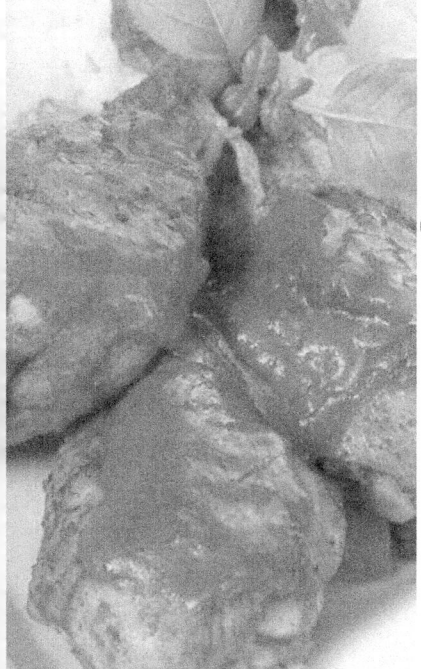

¡Disfruta tu delicioso Pollo!

POLLO CON QUESO CHEDDAR Y TOCINO

INGREDIENTES

- ·4 filetes de pechuga de pollo
- ·Sal y pimienta al gusto
- ·4 rebanadas de queso cheddar
- ·8 tiras de tocino
- ·Aceite de oliva

PASOS

1. Precalienta el horno a 200°C.

2. Coloca los filetes de pollo en una bandeja para horno y sazona con sal y pimienta al gusto.

3. Pon una rebanada de queso cheddar encima de cada filete de pollo.

4. Envuelve cada filete de pollo con 2 tiras de tocino, asegurándote de que el tocino cubra todo el pollo.

5. Rocía un poco de aceite de oliva sobre los filetes de pollo envueltos en tocino.

6. Hornea los filetes de pollo durante unos 25-30 minutos, o hasta que el pollo esté completamente cocido y el tocino esté dorado y crujiente.

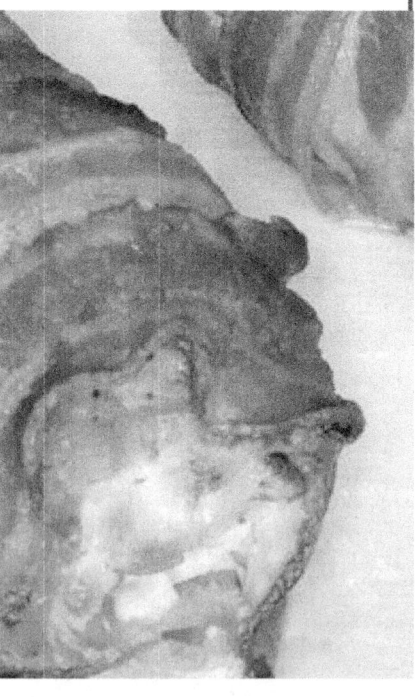

¡Disfruta tu delicioso Pollo!

POLLO A LA CERVEZA

INGREDIENTES

- ·1 pollo entero cortado en piezas
- ·2 cebollas picadas
- ·4 dientes de ajo picados
- ·1 lata de cerveza (preferiblemente de sabor suave)
- ·1 taza de caldo de pollo
- ·2 cucharadas de aceite de oliva
- ·Sal y pimienta al gusto
- ·Paprika o pimentón dulce
- ·Tomillo fresco o seco
- ·1 hoja de laurel

PASOS

1. Sazona el pollo con sal, pimienta, paprika y tomillo.

2. Calienta el aceite de oliva en una sartén grande y agrega el pollo para dorar por ambos lados.

3. Retira el pollo de la sartén y agrega la cebolla y el ajo. Sofríe hasta que estén dorados.

4. Agrega la cerveza y el caldo de pollo a la sartén y revuelve bien.

5. Agrega el pollo de nuevo a la sartén y añade la hoja de laurel.

6. Reduce el fuego a medio-bajo, tapa la sartén y cocina durante unos 40 minutos, revolviendo de vez en cuando.

7. Después de 40 minutos, destapa la sartén y aumenta el fuego a medio-alto para reducir la salsa hasta que tenga la consistencia deseada.

8. Sirve el pollo con la salsa por encima.

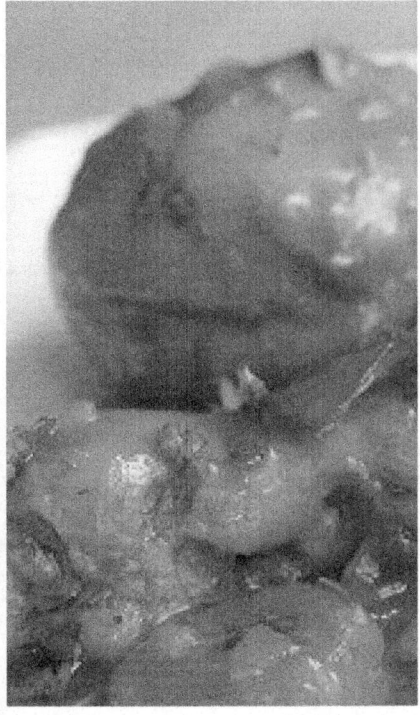

¡Disfruta tu delicioso Pollo!

POLLO CON LIMÓN Y AJO

INGREDIENTES

- ·4 pechugas de pollo
- ·4 dientes de ajo picados
- ·2 limones (jugo y ralladura)
- ·1/4 taza de aceite de oliva
- ·1 cucharadita de sal
- ·1/4 cucharadita de pimienta negra molida
- ·1/4 taza de perejil fresco picado
-

PASOS

1. En un tazón pequeño, mezcla el ajo picado, el jugo y la ralladura de los limones, el aceite de oliva, la sal y la pimienta negra.

2. Coloca las pechugas de pollo en una bolsa ziploc y vierte la mezcla de limón y ajo sobre el pollo. Cierra la bolsa y agita bien para que el pollo se impregne con la marinada. Deja marinar en la nevera durante al menos 30 minutos (o toda la noche si es posible).

3. Precalienta el horno a 200°C.

4. Saca el pollo de la bolsa y colócalo en una bandeja para hornear. Vierte un poco de la marinada sobre el pollo y reserva el resto.

5. Hornea el pollo durante 20-25 minutos o hasta que esté dorado y cocido por completo.

6. Retira el pollo del horno y deja reposar durante 5 minutos. Mientras tanto, calienta el resto de la marinada en una sartén pequeña a fuego medio hasta que se caliente.

7. Sirve el pollo con la marinada caliente por encima y espolvorea el perejil fresco picado por encima. ¡Disfruta!

¡Disfruta tu delicioso Pollo!

POLLO A LA NARANJA

INGREDIENTES

- ·4 pechugas de pollo
- ·2 naranjas
- ·1 cebolla
- ·2 dientes de ajo
- ·1/2 taza de caldo de pollo
- ·2 cucharadas de salsa de soja
- ·2 cucharadas de aceite de oliva
- ·Sal y pimienta al gusto
-
-

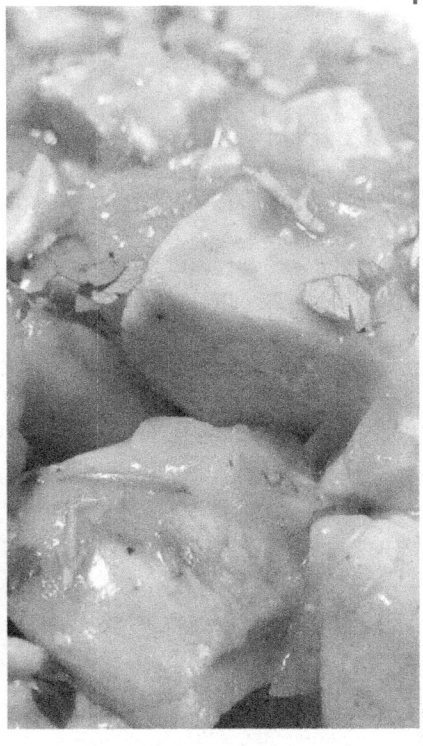

PASOS

1. Corta las pechugas de pollo en trozos medianos y sazónalos con sal y pimienta al gusto.

2. Exprime el jugo de las dos naranjas y reserva.

3. Corta la cebolla en julianas y pica los dientes de ajo.

4. En una sartén grande, calienta el aceite de oliva y agrega el pollo. Cocina el pollo hasta que esté dorado por ambos lados, aproximadamente 8-10 minutos. Retira el pollo de la sartén y reserva.

5. En la misma sartén, agrega la cebolla y el ajo y cocina por 2-3 minutos, hasta que estén suaves.

6. Agrega el jugo de naranja, el caldo de pollo y la salsa de soja a la sartén. Revuelve para combinar los ingredientes.

7. Regresa el pollo a la sartén y cocina a fuego medio-bajo durante 10-12 minutos, hasta que esté completamente cocido y la salsa se haya reducido y espesado.

8. Sirve el pollo a la naranja caliente y disfruta.

¡Disfruta tu delicioso Pollo!

POLLO CON ALMENDRAS

INGREDIENTES

- ·500 gramos de pechuga de pollo cortada en cubos
- ·1 taza de almendras sin piel
- ·1 cebolla cortada en cubos pequeños
- ·2 dientes de ajo picados
- ·1 pimiento rojo cortado en cubos pequeños
- ·1 zanahoria pelada y cortada en cubos pequeños
- ·1 cucharada de salsa de soja
- ·2 cucharadas de aceite de oliva
- ·Sal y pimienta al gusto
- ·1 cucharadita de fécula de maíz
- ·1/2 taza de agua
- ·Arroz blanco cocido para acompañar

PASOS

1. En una sartén grande o wok, calienta el aceite de oliva a fuego medio-alto.

2. Agrega la cebolla, el ajo, el pimiento y la zanahoria, y saltea durante unos 3 minutos o hasta que la cebolla se torne transparente.

3. Añade los cubos de pollo y cocina durante unos 5 minutos, revolviendo ocasionalmente.

4. Agrega las almendras y la salsa de soja, y cocina por otros 5 minutos o hasta que el pollo esté dorado y cocido por completo.

5. En un tazón pequeño, mezcla la fécula de maíz con agua fría hasta que se disuelva por completo.

6. Agrega la mezcla de fécula de maíz al wok y revuelve bien para que la salsa espese.

7. Reduce el fuego a medio-bajo y cocina por unos 2-3 minutos más hasta que la salsa alcance la consistencia deseada.

8. Sirve caliente con arroz blanco cocido como acompañamiento.

¡Disfruta tu delicioso Pollo!

POLLO EN SALSA DE CHIPOTLE

INGREDIENTES

- ·4 piezas de pollo (muslos o pechugas)
- ·2 cucharadas de aceite de oliva
- ·1 cebolla picada
- ·2 dientes de ajo picados
- ·2 chiles chipotles adobados (enlatados)
- ·1 taza de tomate triturado
- ·1/2 taza de caldo de pollo
- ·1/2 taza de crema espesa
- ·Sal y pimienta al gusto
-

PASOS

1. En una sartén grande, calienta el aceite de oliva a fuego medio-alto. Agrega las piezas de pollo y cocina por ambos lados hasta que estén doradas. Retira del fuego y reserva.

2. En la misma sartén, agrega la cebolla y el ajo y cocina por unos minutos hasta que estén suaves y translúcidos.

3. Agrega los chiles chipotles adobados y cocina por un minuto más.

4. Agrega el tomate triturado y el caldo de pollo y mezcla bien. Deja que la mezcla hierva y luego baja el fuego a medio-bajo.

5. Regresa las piezas de pollo a la sartén y cubre con la salsa de chipotle. Deja cocinar a fuego medio-bajo durante 15-20 minutos o hasta que el pollo esté completamente cocido.

6. Agrega la crema espesa y mezcla bien. Deja cocinar por un par de minutos más y retira del fuego.

7. Sirve caliente y disfruta tu delicioso pollo en salsa de chipotle.

¡Disfruta tu delicioso Pollo!

POLLO EN SALSA DE TAMARINDO

INGREDIENTES

- ·4 pechugas de pollo
- ·2 tazas de pulpa de tamarindo
- ·1 cebolla grande
- ·2 dientes de ajo
- ·2 cucharadas de aceite de oliva
- ·Sal y pimienta al gusto
- ·1 taza de agua
-

PASOS

1. Primero, corta la cebolla en rodajas y pica el ajo.

2. Calienta el aceite de oliva en una sartén grande a fuego medio-alto y añade la cebolla y el ajo. Cocina hasta que estén dorados.

3. Agrega la pulpa de tamarindo y mezcla bien. Cocina por unos minutos hasta que la pulpa se ablande.

4. Agrega la taza de agua a la mezcla y revuelve. Cocina a fuego medio durante unos 5 minutos.

5. Sazona las pechugas de pollo con sal y pimienta al gusto. Añádelas a la sartén con la salsa de tamarindo y cocina por unos 20 minutos o hasta que el pollo esté completamente cocido.

6. Sirve el pollo caliente con la salsa de tamarindo por encima.

¡Disfruta tu delicioso Pollo!

POLLO EN SALSA DE CHILE MORITA

INGREDIENTES

- ·4 pechugas de pollo sin piel ni hueso
- ·4 chiles morita secos
- ·2 tomates
- ·1 cebolla mediana
- ·2 dientes de ajo
- ·1/4 taza de caldo de pollo
- ·Aceite de oliva
- ·Sal y pimienta al gusto

PASOS

1. Coloca los chiles morita en un tazón y cúbrelos con agua caliente. Deja reposar por 10 minutos.

2. Mientras tanto, corta los tomates en cubos pequeños, pica la cebolla en cuadritos y machaca los ajos.

3. Calienta una cucharada de aceite de oliva en una sartén a fuego medio-alto. Agrega los tomates, la cebolla y los ajos y cocina por unos minutos hasta que estén suaves.

4. Agrega los chiles morita (sin las semillas) a la sartén con los demás ingredientes y cocina por un minuto más.

5. Vierte la mezcla en una licuadora o procesador de alimentos y agrega el caldo de pollo. Licua hasta obtener una salsa suave.

6. Regresa la salsa a la sartén y cocina a fuego medio-bajo durante unos minutos más, hasta que espese un poco.

7. Mientras tanto, corta las pechugas de pollo en cubos y sazona con sal y pimienta al gusto.

8. Calienta otra sartén con una cucharada de aceite de oliva a fuego medio-alto. Agrega el pollo y cocina hasta que esté dorado y completamente cocido.

9. Agrega la salsa de chile morita al pollo y mezcla bien. Cocina por un par de minutos más para que se integren los sabores.

10. Sirve caliente y disfruta tu delicioso pollo en salsa de chile morita.

¡Disfruta tu delicioso Pollo!

POLLO EN SALSA DE CILANTRO

INGREDIENTES

- ·4 filetes de pechuga de pollo
- ·2 tazas de cilantro fresco picado
- ·1 cebolla blanca picada
- ·3 dientes de ajo picados
- ·1/2 taza de caldo de pollo
- ·1/2 taza de crema agria
- ·Sal y pimienta al gusto
- ·Aceite de oliva

PASOS

1. En una sartén grande, calienta un poco de aceite de oliva a fuego medio-alto. Agrega los filetes de pollo y cocina por ambos lados hasta que estén dorados y cocidos por completo. Retira del fuego y reserva.

2. En la misma sartén, agrega un poco más de aceite de oliva si es necesario. Agrega la cebolla y el ajo picados y cocina hasta que estén dorados y fragantes.

3. Agrega el cilantro fresco picado y cocina durante unos minutos hasta que se ablande y libere su aroma.

4. Agrega el caldo de pollo y la crema agria y revuelve para combinar todo. Deja cocinar a fuego lento durante unos minutos para que la salsa espese un poco.

5. Vuelve a colocar los filetes de pollo en la sartén con la salsa y caliéntalos durante unos minutos más.

6. Sirve caliente con arroz blanco y vegetales al vapor. ¡Buen provecho!

¡Disfruta tu delicioso Pollo!

POLLO A LA MANTEQUILLA

INGREDIENTES

- ·4 pechugas de pollo sin hueso ni piel
- ·1/2 taza de mantequilla sin sal
- ·1 taza de crema de leche
- ·1 cebolla picada
- ·2 dientes de ajo picados
- ·1 cucharadita de jengibre rallado
- ·1 cucharadita de cilantro molido
- ·1 cucharadita de comino molido
- ·Sal y pimienta al gusto

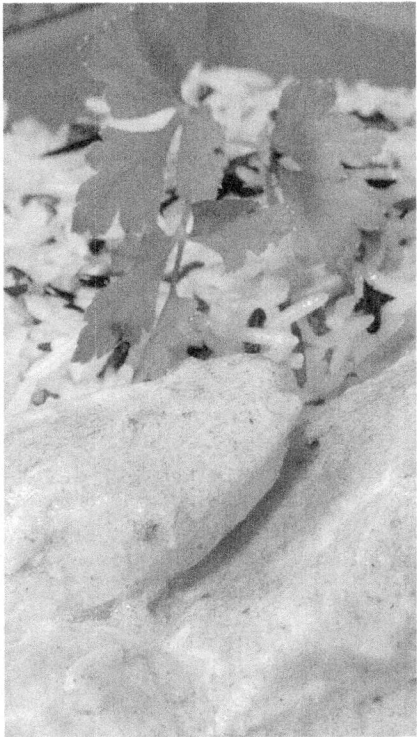

PASOS

1. Salpimentar las pechugas de pollo.

2. Calentar una sartén a fuego medio-alto y agregar 1/4 taza de mantequilla.

3. Una vez que la mantequilla se haya derretido, agregar las pechugas de pollo y cocinar por ambos lados hasta que estén doradas y cocidas por completo. Retirar del fuego y reservar.

4. En la misma sartén, agregar la cebolla, el ajo y el jengibre. Sofreír por unos minutos hasta que la cebolla esté transparente.

5. Agregar el cilantro y el comino y mezclar bien.

6. Añadir la crema de leche y el resto de la mantequilla. Cocinar a fuego bajo hasta que la salsa haya espesado un poco y tenga una consistencia cremosa.

7. Agregar las pechugas de pollo a la salsa y mezclar bien para que se impregnen de la salsa.

8. Cocinar por unos minutos más a fuego bajo y servir caliente.

¡Disfruta tu delicioso Pollo!

POLLO EN SALSA DE LIMÓN Y MIEL

INGREDIENTES

- ··4 pechugas de pollo
- ·2 cucharadas de aceite de oliva
- ·Sal y pimienta negra al gusto
- ·1/2 taza de jugo de limón fresco
- ·1/4 taza de miel
- ·2 dientes de ajo picados
- ·1 cucharada de maicena
- ·1/4 taza de agua
- ·Ralladura de un limón para decorar
- ·Hojas de cilantro para decorar

PASOS

1. Precalentar el horno a 180 grados Celsius.

2. En una sartén grande, calentar el aceite de oliva a fuego medio. Agregar las pechugas de pollo y salpimentar al gusto. Cocinar durante 5-6 minutos de cada lado, o hasta que estén doradas.

3. En un tazón pequeño, mezclar el jugo de limón, la miel y el ajo picado. Verter la mezcla sobre el pollo y llevar al horno por 10-15 minutos.

4. En un tazón pequeño, mezclar la maicena con el agua. Agregar la mezcla al sartén con el pollo y la salsa de limón y miel. Cocinar a fuego medio hasta que la salsa espese.

5. Servir el pollo con la salsa de limón y miel por encima. Decorar con ralladura de limón y hojas de cilantro fresco.

¡Disfruta tu delicioso Pollo!

POLLO CON HIERBAS PROVENZALES

INGREDIENTES

- ··4 pechugas de pollo sin piel
- ·2 cucharadas de hierbas provenzales
- ·2 cucharadas de aceite de oliva
- ·1 limón
- ·Sal y pimienta al gusto

PASOS

1. Precalentar el horno a 200°C.

2. Mezclar las hierbas provenzales con el aceite de oliva y un poco de sal y pimienta en un tazón pequeño.

3. Colocar las pechugas de pollo en una bandeja para hornear y rociar la mezcla de hierbas provenzales sobre ellas, asegurándose de cubrirlas uniformemente.

4. Cortar el limón en rodajas y colocarlas alrededor del pollo en la bandeja para hornear.

5. Hornear durante 25-30 minutos o hasta que el pollo esté cocido y dorado por fuera.

6. Servir caliente con las rodajas de limón.

¡Disfruta tu delicioso Pollo!

POLLO EN SALSA DE CURRY VERDE

INGREDIENTES

- ·4 pechugas de pollo
- ·2 cucharadas de aceite de oliva
- ·1 cebolla picada
- ·2 dientes de ajo picados
- ·2 cucharadas de pasta de curry verde
- ·1 taza de caldo de pollo
- ·1 lata de leche de coco
- ·1 pimiento verde picado
- ·Sal y pimienta al gusto
- ·Hojas de cilantro fresco para decorar

PASOS

1. Corta las pechugas de pollo en cubos pequeños y sazónalos con sal y pimienta al gusto.

2. Calienta el aceite de oliva en una sartén grande a fuego medio-alto y agrega el pollo. Cocina hasta que esté dorado y cocido por completo. Retira el pollo de la sartén y reserva.

3. En la misma sartén, agrega la cebolla y el ajo y cocina hasta que estén suaves y dorados.

4. Agrega la pasta de curry verde y mezcla bien con la cebolla y el ajo.
5. Agrega el caldo de pollo y la leche de coco y mezcla bien. Lleva a ebullición.

6. Agrega el pimiento verde y cocina durante unos 5 minutos hasta que esté suave.

7. Regresa el pollo a la sartén y mezcla bien con la salsa. Cocina durante unos 5-10 minutos más a fuego medio-bajo hasta que la salsa espese y el pollo esté completamente cocido.

8. Sirve el pollo en platos individuales y decora con hojas de cilantro fresco.

¡Disfruta tu delicioso Pollo!

POLLO EN SALSA DE COCO Y JENGIBRE

INGREDIENTES

- ·4 pechugas de pollo cortadas en cubos
- ·1 cebolla mediana picada
- ·3 dientes de ajo picados
- ·1 pimiento rojo picado
- ·1 taza de leche de coco
- ·2 cucharadas de jengibre rallado
- ·1 cucharada de aceite de oliva
- ·Sal y pimienta al gusto
- ·Cilantro fresco picado para decorar

PASOS

1. En una sartén grande, calienta el aceite de oliva a fuego medio-alto.

2. Agrega la cebolla, el ajo y el pimiento rojo y saltea hasta que estén tiernos.

3. Añade el pollo y cocina hasta que se dore por todos lados.

4. Agrega la leche de coco y el jengibre rallado a la sartén y mezcla bien.

5. Reduce el fuego y deja que la salsa se cocine a fuego lento durante unos 15 minutos, o hasta que la salsa se espese y el pollo esté cocido.

6. Sazona con sal y pimienta al gusto.

7. Sirve caliente y decora con cilantro fresco picado.

¡Disfruta tu delicioso Pollo!

POLLO EN SALSA DE CACAHUATE Y COCO

INGREDIENTES

- ·4 pechugas de pollo cortadas en cubos
- ·Sal y pimienta al gusto
- ·1 cucharada de aceite vegetal
- ·1 cebolla blanca picada
- ·2 dientes de ajo picados
- ·1 taza de leche de coco
- ·1/2 taza de mantequilla de cacahuate
- ·1 cucharadita de comino en polvo
- ·1 cucharadita de chile en polvo
- ·1/2 taza de agua
- ·Cilantro fresco picado para decorar

PASOS

1. En una sartén grande, calienta el aceite a fuego medio-alto. Agrega el pollo, salpiméntalo y cocina hasta que esté dorado, aproximadamente 5-7 minutos. Retira el pollo de la sartén y reserva.

2. En la misma sartén, agrega la cebolla y el ajo y cocina por unos minutos hasta que estén suaves y fragantes.

3. Agrega la leche de coco, la mantequilla de cacahuate, el comino en polvo y el chile en polvo. Revuelve bien hasta que todos los ingredientes estén combinados.

4. Agrega el agua y revuelve de nuevo. Lleva la mezcla a ebullición, reduce el fuego y deja cocinar durante 5 minutos hasta que la salsa espese ligeramente.

5. Regresa el pollo a la sartén y revuelve bien para cubrir con la salsa. Cocina a fuego lento durante 10-15 minutos o hasta que el pollo esté cocido completamente y la salsa esté espesa y burbujeante.

6. Sirve el pollo en un plato y decora con cilantro fresco picado. Acompaña con arroz, tortillas o tu guarnición favorita.

¡Disfruta tu delicioso Pollo!

POLLO AL AJILLO

INGREDIENTES

- ·1 kilo de pollo cortado en trozos
- ·8 dientes de ajo
- ·1/2 taza de aceite de oliva
- ·1/2 taza de vino blanco
- ·1/2 taza de caldo de pollo
- ·Sal y pimienta al gusto
- ·Perejil picado para decorar
-

PASOS

1. Pelar y picar los ajos en rodajas finas.

2. En una cazuela o sartén grande, calentar el aceite de oliva a fuego medio.

3. Agregar el ajo picado y saltear hasta que esté dorado.

4. Agregar los trozos de pollo y dorarlos por todos lados.

5. Agregar el vino blanco y el caldo de pollo, y mezclar bien.

6. Cocinar a fuego medio-bajo durante 25-30 minutos, hasta que el pollo esté tierno y la salsa haya reducido y espesado.

7. Ajustar la sal y pimienta al gusto.

8. Servir caliente, espolvoreado con perejil picado para decorar.

¡Disfruta tu delicioso Pollo!

POLLO AL LIMÓN Y ROMERO

INGREDIENTES

- ·4 pechugas de pollo sin piel ni hueso
- ·2 limones
- ·2 ramitas de romero fresco
- ·2 cucharadas de aceite de oliva
- ·Sal y pimienta al gusto

PASOS

1. Precalentar el horno a 200°C.

2. Lavar y secar las pechugas de pollo.

3. En un tazón pequeño, mezclar el jugo de los dos limones con las hojas de romero finamente picadas, el aceite de oliva, la sal y la pimienta.

4. Colocar las pechugas de pollo en una fuente para horno y verter la mezcla de limón y romero sobre ellas, asegurándose de cubrir toda la superficie.

5. Hornear durante unos 25-30 minutos o hasta que el pollo esté dorado y cocido por completo.

6. Retirar del horno y dejar reposar durante unos minutos antes de servir.

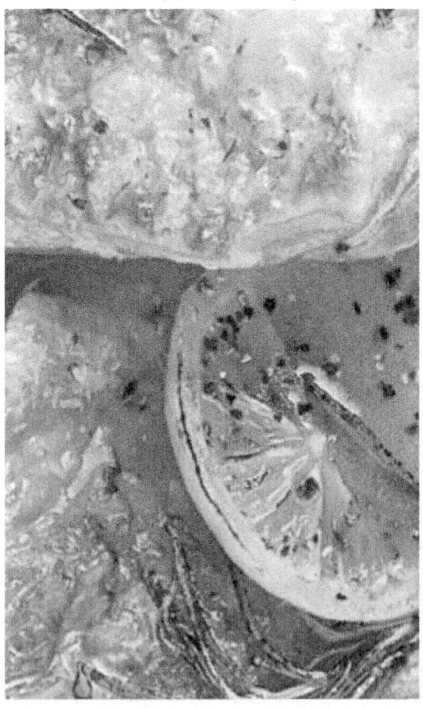

¡Disfruta tu delicioso Pollo!

POLLO EN SALSA DE VINO TINTO

INGREDIENTES

- ··4 pechugas de pollo sin piel
- ·Sal y pimienta al gusto
- ·2 cucharadas de aceite de oliva
- ·1 cebolla picada
- ·2 dientes de ajo picados
- ·1 taza de vino tinto
- ·1 taza de caldo de pollo
- ·2 cucharadas de harina
- ·1 ramita de tomillo fresco
- ·1 hoja de laurel
- ·1 cucharadita de azúcar
- ·1 cucharada de mantequilla

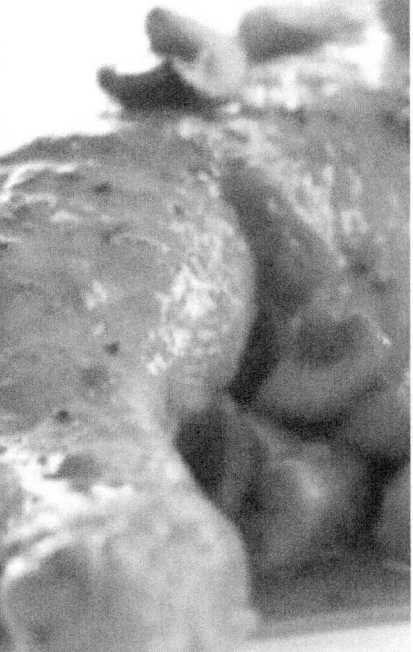

PASOS

1. Precalienta el horno a 180 grados Celsius.

2. Salpimenta las pechugas de pollo al gusto.

3. En una sartén grande, calienta el aceite de oliva a fuego medio-alto. Agrega las pechugas de pollo y cocina por ambos lados hasta que estén doradas. Retira del fuego y reserva.

4. En la misma sartén, agrega la cebolla y el ajo. Cocina hasta que estén suaves y translúcidos.

5. Agrega el vino tinto y el caldo de pollo. Deja que la mezcla hierva y luego reduce el fuego a medio-bajo. Agrega la harina y mezcla bien para evitar grumos.

6. Agrega el tomillo, el laurel y el azúcar. Cocina a fuego lento durante 5 minutos, revolviendo ocasionalmente.

7. Vuelve a colocar las pechugas de pollo en la sartén con la salsa y cocina en el horno durante 20 minutos, hasta que estén completamente cocidas.

8. Retira del horno y agrega la mantequilla a la salsa. Mezcla bien hasta que la mantequilla se haya derretido.

9. Sirve el pollo caliente con la salsa por encima.

¡Disfruta tu delicioso Pollo!

POLLO EN SALSA DE PIMIENTO ROJO ASADO

INGREDIENTES

- ·4 pechugas de pollo
- ·2 pimientos rojos asados
- ·1 cebolla grande picada
- ·2 dientes de ajo picados
- ·1 taza de caldo de pollo
- ·1/2 taza de crema de leche
- ·2 cucharadas de aceite de oliva
- ·Sal y pimienta al gusto
- ·Perejil fresco picado para decorar
- ·

PASOS

1. Precalienta el horno a 200°C y coloca los pimientos enteros en una bandeja para hornear. Hornea durante 30-40 minutos hasta que estén tiernos y la piel esté arrugada y oscura. Deja enfriar, pela los pimientos y retira las semillas.

2. Corta las pechugas de pollo en filetes y sazona con sal y pimienta al gusto. Calienta el aceite de oliva en una sartén grande a fuego medio-alto y cocina el pollo durante 5-6 minutos por cada lado hasta que esté dorado y cocido por completo. Retira el pollo de la sartén y reserva.

3. En la misma sartén, agrega la cebolla y el ajo picados y cocina a fuego medio hasta que la cebolla esté transparente y suave, durante unos 5 minutos.

4. Agrega los pimientos asados a la sartén y cocina durante 2-3 minutos más.

5. Vierte el caldo de pollo y mezcla bien. Cocina durante unos 5 minutos hasta que la salsa se reduzca un poco.

6. Agrega la crema de leche y cocina por unos minutos más hasta que la salsa espese y tenga una consistencia suave.

7. Regresa el pollo a la sartén y mezcla con la salsa. Cocina durante unos minutos más hasta que el pollo esté bien cubierto y la salsa esté caliente.

8. Sirve el pollo en un plato y decora con perejil fresco picado.

¡Disfruta tu delicioso Pollo!

POLLO EN SALSA DE MOSTAZA Y MIEL

INGREDIENTES

- ·4 filetes de pechuga de pollo
- ·2 cucharadas de mostaza
- ·2 cucharadas de miel
- ·1/4 taza de caldo de pollo
- ·1 cucharada de aceite de oliva
- ·Sal y pimienta al gusto

PASOS

1. Salpimenta los filetes de pollo por ambos lados.

2. En un tazón pequeño, mezcla la mostaza y la miel hasta obtener una salsa homogénea.

3. Calienta una sartén grande a fuego medio-alto y agrega el aceite de oliva.

4. Agrega los filetes de pollo a la sartén y cocina durante 5 minutos por cada lado o hasta que estén dorados y cocidos por completo.

5. Retira los filetes de pollo de la sartén y déjalos reposar en un plato.

6. Agrega el caldo de pollo a la sartén y con una espátula de madera raspa el fondo para soltar los trocitos dorados del fondo de la sartén.

7. Agrega la mezcla de mostaza y miel a la sartén y mezcla bien con el caldo de pollo.

8. Cocina la salsa durante 2-3 minutos o hasta que se espese un poco.

9. Sirve los filetes de pollo con la salsa de mostaza y miel por encima.

¡Disfruta tu delicioso Pollo!

POLLO EN SALSA DE LIMÓN Y CEBOLLA

INGREDIENTES

- -4 filetes de pechuga de pollo
- ·Sal y pimienta al gusto
- ·2 cucharadas de aceite de oliva
- ·1 cebolla grande, cortada en rodajas finas
- ·2 dientes de ajo, picados
- ·1/2 taza de caldo de pollo
- ·1/4 taza de jugo de limón fresco
- ·1 cucharadita de ralladura de limón
- ·2 cucharadas de mantequilla
- ·1 cucharada de perejil fresco picado
-

PASOS

1. Salpimentar los filetes de pollo por ambos lados.

2. Calentar el aceite de oliva en una sartén grande a fuego medio-alto.

3. Agregar los filetes de pollo y cocinar por unos 5 minutos de cada lado o hasta que estén dorados y cocidos por completo. Retirar y reservar en un plato cubierto con papel aluminio para mantener caliente.

4. En la misma sartén, añadir la cebolla y el ajo y cocinar por unos 3-4 minutos o hasta que la cebolla esté suave y translúcida.

5. Agregar el caldo de pollo, el jugo de limón y la ralladura de limón a la sartén, y mezclar bien.

6. Cocinar a fuego medio-alto hasta que la salsa se reduzca a la mitad.

7. Agregar la mantequilla y el perejil picado a la sartén y mezclar bien.

8. Volver a colocar los filetes de pollo en la sartén y calentar durante 1-2 minutos en la salsa.

9. Servir caliente y disfrutar.

¡Disfruta tu delicioso Pollo!

POLLO CON ESPINACAS Y QUESO FETA

INGREDIENTES

- ·4 filetes de pechuga de pollo
- ·2 tazas de espinacas frescas
- ·1/2 taza de queso feta desmenuzado
- ·2 dientes de ajo picados
- ·1 cucharada de aceite de oliva
- ·Sal y pimienta negra molida al gusto
-

PASOS

1. Precalentar el horno a 200°C.

2. En una sartén, calentar el aceite de oliva a fuego medio y agregar el ajo picado. Cocinar por 1 minuto hasta que esté fragante.

3. Añadir las espinacas frescas a la sartén y cocinar hasta que se hayan marchitado, aproximadamente 3-4 minutos. Retirar del fuego y dejar enfriar un poco.

4. En un tazón, mezclar el queso feta desmenuzado con las espinacas cocidas y enfriadas.

5. Con un cuchillo afilado, hacer una abertura en cada filete de pollo, cuidando de no cortar hasta el otro lado. Rellenar cada filete con la mezcla de espinacas y queso feta.

6. Sazonar los filetes de pollo rellenos con sal y pimienta negra molida al gusto.

7. Colocar los filetes de pollo en una bandeja para hornear y llevar al horno por 20-25 minutos o hasta que el pollo esté cocido y dorado por encima.

8. Retirar del horno y dejar reposar por unos minutos antes de servir.

¡Disfruta tu delicioso Pollo!

POLLO EN SALSA DE LIMA Y CILANTRO

INGREDIENTES

- ·4 pechugas de pollo deshuesadas y sin piel
- ·1/4 taza de jugo de lima
- ·1/4 taza de cilantro fresco picado
- ·2 dientes de ajo picados
- ·1/4 taza de aceite de oliva
- ·1 cucharadita de sal
- ·1/4 cucharadita de pimienta negra
- ·1/2 taza de caldo de pollo

PASOS

1. En un tazón grande, mezcle el jugo de lima, el cilantro, el ajo, el aceite de oliva, la sal y la pimienta negra.

2. Agregue las pechugas de pollo al tazón y asegúrese de que estén cubiertas por la marinada. Deje marinar en la nevera durante al menos 30 minutos.

3. Precaliente el horno a 190°C. Retire el pollo de la marinada y colóquelo en una fuente para hornear.

4. Vierta el caldo de pollo en la marinada y revuelva. Vierta la mezcla sobre el pollo.

5. Hornee durante 25-30 minutos o hasta que el pollo esté cocido y dorado.

6. Sirva el pollo caliente con la salsa de lima y cilantro por encima. Se puede servir con arroz, vegetales o frijoles.

¡Disfruta tu delicioso Pollo!

POLLO EN SALSA DE NARANJA Y JENGIBRE

INGREDIENTES

- ·4 filetes de pechuga de pollo
- ·2 naranjas
- ·1 cucharada de jengibre fresco rallado
- ·2 cucharadas de aceite de oliva
- ·1 cebolla pequeña, picada
- ·2 dientes de ajo, picados
- ·1/2 taza de caldo de pollo
- ·Sal y pimienta al gusto
-

PASOS

1. Empieza por exprimir el jugo de las naranjas en un tazón y resérvalo.

2. En una sartén grande, calienta el aceite de oliva a fuego medio-alto.

3. Agrega la cebolla y el ajo y cocina hasta que estén suaves, aproximadamente 2-3 minutos.

4. Añade los filetes de pollo y cocina hasta que estén dorados por ambos lados, aproximadamente 3-4 minutos por lado.

5. Agrega el jugo de naranja reservado, el jengibre rallado y el caldo de pollo. Mezcla bien.

6. Reduce el fuego a medio-bajo y deja cocinar durante unos 10-15 minutos, o hasta que el pollo esté completamente cocido y la salsa se haya espesado un poco.

7. Prueba la salsa y agrega sal y pimienta al gusto.

8. Sirve el pollo en platos individuales y vierte la salsa de naranja y jengibre encima.

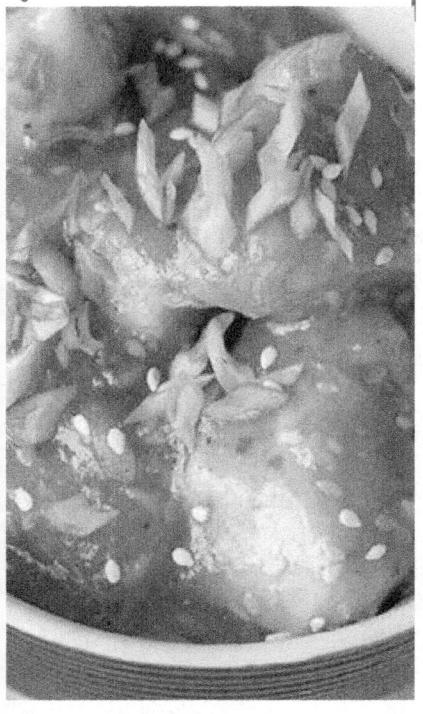

¡Disfruta tu delicioso Pollo!

POLLO EN SALSA DE CHILE GUAJILLO

INGREDIENTES

- ·1 kg de pollo en trozos
- ·8 chiles guajillos
- ·2 tomates
- ·1 cebolla
- ·4 dientes de ajo
- ·1 taza de caldo de pollo
- ·Aceite de oliva
- ·Sal y pimienta al gusto

PASOS

1. Primero, remoja los chiles guajillos en agua caliente durante unos 10 minutos para que se ablanden. Después, retira las semillas y las venas de los chiles y reserva.

2. En una sartén, dora los trozos de pollo en aceite de oliva hasta que estén dorados por ambos lados. Retira el pollo y reserva.

3. En la misma sartén, agrega la cebolla y el ajo picados y cocina hasta que estén dorados.

4. Agrega los tomates picados y cocina durante unos minutos hasta que estén suaves.

5. Agrega los chiles guajillos y cocina durante unos minutos más.

6. Licúa la mezcla de chiles y verduras con el caldo de pollo hasta obtener una salsa suave. Agrega sal y pimienta al gusto.

7. Regresa la salsa a la sartén y agrega los trozos de pollo. Cocina a fuego medio-bajo durante unos 20 minutos, o hasta que el pollo esté cocido y la salsa se haya espesado.

8. Sirve el pollo en salsa de chile guajillo con arroz y tortillas calientes. ¡Buen provecho!

¡Disfruta tu delicioso Pollo!

POLLO EN SALSA DE CHILE ANCHO

INGREDIENTES

- ·4 piezas de pollo (muslos o piernas)
- ·3 chiles anchos secos
- ·2 dientes de ajo
- ·1/4 de cebolla blanca
- ·1 taza de caldo de pollo
- ·2 cucharadas de aceite vegetal
- ·Sal y pimienta al gusto

PASOS

1. Remoja los chiles anchos en agua caliente durante unos 10 minutos, hasta que estén suaves. Escúrrelos y quítales las semillas y las venas.

2. En una sartén, calienta una cucharada de aceite vegetal a fuego medio-alto. Agrega los chiles anchos, el ajo y la cebolla y cocina durante unos 5 minutos, hasta que estén dorados.

3. Transfiere la mezcla de chile a una licuadora y agrega una taza de caldo de pollo. Licúa todo hasta que quede suave.

4. En la misma sartén, calienta otra cucharada de aceite vegetal a fuego medio-alto. Agrega el pollo y sazona con sal y pimienta al gusto. Cocina durante unos 5 minutos por cada lado, hasta que esté dorado.

5. Vierte la salsa de chile sobre el pollo y cocina a fuego medio durante unos 15-20 minutos, hasta que el pollo esté cocido y la salsa se haya espesado un poco.

6. Sirve el pollo en un plato y agrega un poco más de salsa por encima. ¡Disfrútalo!

¡Disfruta tu delicioso Pollo!

POLLO EN SALSA DE AJO Y MIEL

INGREDIENTES

- ·4 piezas de pollo (muslos o piernas)
- ·4 dientes de ajo
- ·3 cucharadas de miel
- ·1 cucharada de salsa de soja
- ·2 cucharadas de aceite de oliva
- ·Sal y pimienta al gusto
- ·1/2 taza de agua

PASOS

1. En un tazón pequeño, mezcla la miel, la salsa de soja y el ajo picado. Agrega sal y pimienta al gusto.

2. Calienta el aceite de oliva en una sartén grande a fuego medio-alto. Añade el pollo y cocínalo por unos 5 minutos de cada lado, hasta que esté dorado.

3. Agrega la mezcla de miel y ajo a la sartén, junto con 1/2 taza de agua. Revuelve para cubrir el pollo con la salsa.

4. Reduce el fuego a medio-bajo y deja que la salsa se cocine durante unos 15-20 minutos, hasta que el pollo esté completamente cocido y la salsa se haya espesado un poco.

5. Sirve el pollo caliente, con un poco de salsa por encima. Puedes acompañarlo con arroz o verduras al vapor.

¡Disfruta tu delicioso Pollo!

POLLO EN SALSA DE ALBAHACA Y PIÑONES

INGREDIENTES

- ·4 filetes de pechuga de pollo
- ·Sal y pimienta al gusto
- ·Aceite de oliva
- ·2 dientes de ajo picados
- ·1/2 taza de piñones
- ·1/2 taza de hojas de albahaca fresca
- ·1/4 taza de caldo de pollo
- ·1/4 taza de crema de leche
- ·1/4 taza de queso parmesano rallado

PASOS

1. Salpimentar los filetes de pollo y dorarlos en una sartén con aceite de oliva caliente hasta que estén cocidos. Retirar del fuego y reservar.

2. En la misma sartén, agregar los piñones y el ajo y saltear durante unos minutos hasta que los piñones estén dorados.

3. Agregar las hojas de albahaca y saltear por unos minutos más.

4. Añadir el caldo de pollo y la crema de leche y revolver hasta que se forme una salsa homogénea.

5. Agregar el queso parmesano rallado y seguir revolviendo hasta que se derrita y la salsa tenga una consistencia cremosa.

6. Volver a colocar los filetes de pollo en la sartén y cubrirlos con la salsa.

7. Cocinar a fuego medio-bajo durante unos minutos más hasta que el pollo esté bien caliente y la salsa se haya adherido a los filetes.

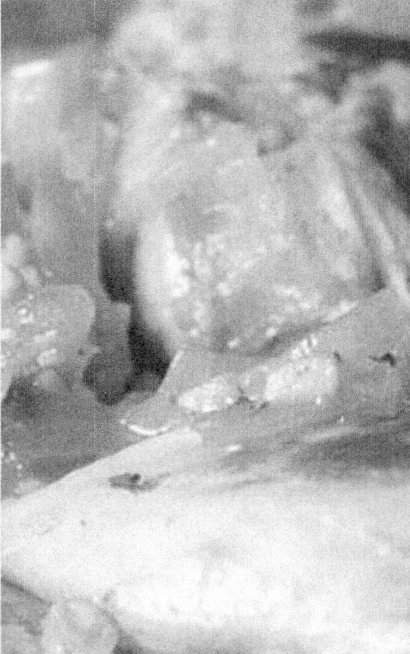

¡Disfruta tu delicioso Pollo!

POLLO CON BRÓCOLI Y ALMENDRAS

INGREDIENTES

- ·4 pechugas de pollo
- ·2 tazas de brócoli
- ·1/2 taza de almendras fileteadas
- ·2 cucharadas de aceite de oliva
- ·1 cucharadita de sal
- ·1/2 cucharadita de pimienta negra
- ·1/2 cucharadita de ajo en polvo
- ·1/2 cucharadita de cebolla en polvo
- ·1/2 taza de caldo de pollo
- ·2 cucharadas de salsa de soja
- ·1 cucharada de maicena
- ·1/4 taza de agua

PASOS

1. Corta las pechugas de pollo en cubos y sazona con sal, pimienta, ajo en polvo y cebolla en polvo.

2. Calienta el aceite de oliva en una sartén grande a fuego medio-alto. Añade los cubos de pollo y cocina hasta que estén dorados y cocidos por completo, unos 5-7 minutos.

3. Agrega el brócoli a la sartén y cocina por otros 3-4 minutos hasta que esté tierno pero aún crujiente.

4. Añade las almendras a la sartén y saltea todo junto durante 1-2 minutos.

5. En un tazón pequeño, mezcla el caldo de pollo, la salsa de soja, la maicena y el agua hasta que estén bien combinados.

6. Vierte la mezcla de caldo en la sartén y revuelve bien. Cocina a fuego medio-alto durante 2-3 minutos hasta que la salsa se espese y cubra todo el pollo y el brócoli.

7. Sirve caliente y disfruta.

¡Disfruta tu delicioso Pollo!

POLLO EN SALSA DE MANGO

INGREDIENTES

- ·4 pechugas de pollo
- ·2 mangos maduros
- ·1 cebolla blanca
- ·2 dientes de ajo
- ·1 pimiento rojo
- ·1 pimiento verde
- ·1 cucharada de comino
- ·1 cucharada de pimentón dulce
- ·Sal y pimienta al gusto
- ·Aceite de oliva
- ·1 taza de caldo de pollo

PASOS

1. Pelar los mangos y cortar en cubos pequeños. Reservar.

2. Picar la cebolla, el ajo y los pimientos en cubos pequeños.

3. Cortar las pechugas de pollo en cubos y sazonar con sal, pimienta, comino y pimentón.

4. En una sartén grande, calentar un poco de aceite de oliva y agregar el pollo. Cocinar hasta que esté dorado por ambos lados. Retirar de la sartén y reservar.

5. En la misma sartén, agregar un poco más de aceite de oliva si es necesario y saltear la cebolla, el ajo y los pimientos hasta que estén suaves.

6. Agregar los cubos de mango y el caldo de pollo a la sartén. Dejar cocinar a fuego medio durante unos 10 minutos, o hasta que la salsa se haya reducido y espesado un poco.

7. Agregar el pollo a la sartén y cocinar durante unos minutos más, revolviendo para cubrir bien el pollo con la salsa.

8. Servir caliente y disfrutar de esta deliciosa receta de pollo en salsa de mango.

¡Disfruta tu delicioso Pollo!

POLLO EN SALSA DE FRUTAS DEL BOSQUE

INGREDIENTES

- ·4 filetes de pechuga de pollo
- ·Sal y pimienta al gusto
- ·1 cucharada de aceite de oliva
- ·1/2 taza de frutas del bosque (pueden ser frescas o congeladas)
- ·1/4 taza de agua
- ·2 cucharadas de miel
- ·1 cucharada de vinagre balsámico
- ·1 diente de ajo picado
- ·1 cucharada de fécula de maíz
- ·1/4 taza de caldo de pollo

PASOS

1. Precalentar el horno a 200°C.

2. Salpimentar los filetes de pollo y colocarlos en una fuente para horno. Agregar el aceite de oliva y mezclar bien para que queden cubiertos.

3. Hornear el pollo durante 25-30 minutos o hasta que esté completamente cocido.

4. Mientras tanto, preparar la salsa: en una olla pequeña, mezclar las frutas del bosque, el agua, la miel, el vinagre balsámico y el ajo. Cocinar a fuego medio durante unos 5 minutos o hasta que las frutas estén blandas.

5. En un tazón aparte, mezclar la fécula de maíz y el caldo de pollo hasta que estén bien combinados.

6. Agregar la mezcla de fécula de maíz y caldo a la olla con las frutas y mezclar bien. Cocinar durante unos minutos más, revolviendo constantemente, hasta que la salsa se espese.

7. Servir el pollo caliente con la salsa de frutas del bosque por encima.

¡Disfruta tu delicioso Pollo!

POLLO EN SALSA TERIYAKI JAPONES

INGREDIENTES

- ·4 pechugas de pollo sin piel
- ·1/2 taza de salsa de soja
- ·1/4 taza de miel
- ·2 cucharadas de vinagre de arroz
- ·1 cucharada de jengibre rallado
- ·2 dientes de ajo picados
- ·1 cucharada de aceite de sésamo
- ·1 cebolla verde picada
- ·Semillas de sésamo tostadas para decorar

Salsa Teriyaki: ingredientes

- 1/2 taza de salsa de soja (preferiblemente baja en sodio)
- 1/4 taza de mirin (vino de arroz dulce)
- 1/4 taza de sake (vino de arroz seco)
- 2 cucharadas de azúcar morena
- 1 cucharada de miel
- 2 dientes de ajo picados
- 1 cucharada de jengibre fresco rallado
- 1 cucharada de maicena (opcional, para espesar la salsa)

Salsa Teriyaki: Receta

1. En una cacerola mediana, mezcla la salsa de soja, el agua, el mirin, el azúcar moreno, la miel, el ajo y el jengibre. Lleva la mezcla a ebullición a fuego medio-alto, removiendo constantemente para disolver el azúcar.
2. Reduce el fuego y cocina a fuego lento durante 10-15 minutos, hasta que la salsa espese un poco y tome un tono oscuro.
3. Añade la maicena disuelta en agua fría y mezcla bien hasta que la salsa vuelva a espesar.
4. Retira la cacerola del fuego y deja enfriar la salsa antes de usarla.
5. Si deseas, puedes colar la salsa para quitar el ajo y el jengibre antes de servirla.

PASOS

1. En un bol grande, mezcla la salsa de soja, la miel, el vinagre de arroz, el jengibre rallado, el ajo picado y el aceite de sésamo.

2. Agrega las pechugas de pollo a la mezcla y asegúrate de que estén completamente cubiertas de la salsa teriyaki.

3. Cubre el bol con papel film y deja marinar en el refrigerador durante al menos 30 minutos, o hasta 2 horas.

4. Precalienta el horno a 200°C.

5. Retira el pollo del marinado y colócalo en una bandeja para hornear.

6. Hornea el pollo durante 20-25 minutos, o hasta que esté completamente cocido.

7. Mientras tanto, vierte la salsa teriyaki en una sartén y cocina a fuego medio hasta que la salsa se espese y se reduzca a la mitad.

8. Sirve el pollo caliente con la salsa teriyaki por encima. Espolvorea con semillas de sésamo tostadas y cebolla verde picada.

¡Felicitaciones por completar tu e-book de 50 recetas de pollo!

Gracias por descargar este libro digital de 50 recetas de pollo. Esperamos que hayas disfrutado explorando diferentes formas de cocinar el pollo y te hayas inspirado para crear tus propias recetas.

Nos gustaría agradecer a todos los chefs y cocineros que han contribuido a este libro con sus deliciosas recetas y consejos útiles. También agradecemos a nuestros amigos y familiares por su apoyo y por ser nuestros catadores de prueba.

Además, queremos agradecer a nuestros seguidores y lectores por su continuo apoyo y comentarios positivos. Sin ustedes, este libro no habría sido posible.

Si tienes alguna pregunta o comentario, no dudes en ponerte en contacto con nosotros a través de nuestra página de contacto. Esperamos verte pronto en nuestro próximo proyecto culinario.

¡Gracias de nuevo por descargar este libro y por apoyar nuestra pasión por la cocina!
Atentamente, [Robinson Fernández]

Made in United States
Orlando, FL
26 July 2025

63274914R00036